# Hier en daar

# Aqui e lá

CAPA E PROJETO GRÁFICO
2 Estúdio Gráfico

ILUSTRAÇÕES
Harold Hoogenboom

REVISÃO DE TEXTO
Arlete Sousa

IMPRESSÃO
Bartira Gráfica e Editora

ISBN 978-85-88193-44-4


SÁ EDITORA
Tel./Fax: 55 11 5051-9085 / 5052-9112
atendimento@saeditora.com.br
www.saeditora.com.br

# Hier en daar
# Aqui e lá

Mara Parrela

Ilustrações de Harold Hoogenboom

Sá editora

Para Daniel,
da Ná.

# Inhoud

# Sumário

# Dankbetuiging

Dank je wel Ignez Agra, organisator van de wedstrijd in Zwitserland, voor je benijdenswaardig idealisme en de jouw typerende gastvrijheid. Clívia Caracciolo voor het nazicht en voor de geheimhouding, Jorge Amado voor het luisteren naar mijn gebeden. Mijn echtgenoot Harold voor de illustraties en voor je altijd aanwezige ondersteuning (ik hoop dat het ooit eens niet meer nodig zal zijn) en voor je liefde (waarvan ik hoop dat ze nooit zal stoppen). Aan mijn familie en vrienden die mij ondersteund hebben en die voor mij hebben gebeden. Ik bedank ook de vertalers Ricardo Caldas en Joan ter Marten in Amsterdam en de Belg Julien Neel in Natal – RN, voor hun literaire betrouwbaarheid. Dank aan het Agentschap Mondo Voyage van Geneve die deze prijs gesponserd heeft. Dank aan de site brasileirosnaholanda, (Márcia Curvo) voor de

# Agradecimentos

Obrigada, Ignez Agra, organizadora do concurso na Suíça, com seu idealismo invejável e hospitalidade marcante. Agradeço a Clívia Caracciolo pela revisão e pelo segredo, a Jorge Amado por ouvir as minhas preces, a Harold, meu marido, pelas ilustrações e pelo patrocínio eterno (espero que acabe um dia) e pelo seu amor (espero que nunca acabe). À minha família e aos amigos que torcem e rezam por mim. Agradeço ainda aos tradutores Ricardo Caldas e Joan ter Marten, em Amsterdã, e ao belga Julien Neel, em Natal – RN, pela fidelidade literária. À agência Mondo Voyage, de Genebra, que patrocinou este prêmio. Ao site *brasileirosnaholanda* (de Márcia Curvo) pela divulgação, onde tudo começou. Agradeço ainda aos amigos Lis, Tiaya, Jasmim e Marcelo Godoy, a família que me recebeu na Holanda, aos amigos Gorete e Karsten Stevens

bekendmaking, waarmee alles is begonnen. Ook nog dank aan de vrienden Lis, Tiaya, Jasmim e Marcelo Godoy, de familie die mijin Nederland opgevangen heeft, aan de vrienden Gorete en Karsten Stevens, mijn toevluchtsoord van altijd en ik zal nooit Mary en Roger Teuwsen vergeten die mij in dertijd, zonder internetcafé, hebben geholpen als correspondent voor mijn eerste contract. Patrícia en Romero, Cibele Lopes Macedo, Julien Neel (in memoriam), Carlos Lagoeiro en Cláudia Maoli (Theater Munganga in Amsterdam) en Pieter Hoogvliet. Dank aan mijn zus Cecília, die, omdat ze mijn literaire kwaliteiten kende, nu weigert om mij nog uit te sturen voor werk in de Nederlandse winkels. Dank aan mijn moeder, waaraan ik alles verschuldigd ben. Aan mijn vriendinnen die zichzelf herkennen in mijn "gevallen" en dat ze me mogen vergeven. Ik heb eveneens over mijn eigen gesproken. Dat is toegelaten omwille van de "dichterlijke vrijheid".

pela guarita de sempre, e não posso me esquecer jamais de Mary e Roger Teuwsen, que me ajudaram naquela época sem internet-café em meu primeiro contrato como correspondente. À Patrícia Borzagli e Romero. À Dra. Juíza Cibele Lopes Macedo. À Carlos Lagoeiro e Claudia Maoli, do Teatro Munganga de Amsterdam. À Julien Neel (in memoriam). À Pieter Hoogvliet. À minha irmã Cecília que, reconhecendo minhas qualidades literárias, agora se recusa a me mandar trabalhar nas lojas holandesas. À minha mãe, a quem devo tudo. Às minhas amigas, que, caso tenham se reconhecido nos meus "causos" que me perdoem. Falei de mim também. Concessão de "licença poética".

# Voorwoord

– "Gefeliciteerd, uw werk bevindt zich tussen de winnaars en U zult mogen meedingen aan de trekking voor een reis naar Brazilië." Dat was de mededeling op de uitnodiging voor de prijsoverhandiging die, einde vorige week, zou plaatsvinden in Geneve.

Bij de e-mail opende zich een zonovergoten venster en een regenboog omlijstte het beeld, met beneden aan de kleuren van die regenboog, een schatkist. "Uw aanwezigheid is gewenst, maar niet onontbeerlijk", vemeldde de uitnodiging. Sinds dat ogenblik was mijn aanwezigheid evenwel zonder twijfel vereist. Het was een persoonlijke aangelegenheid. Hoe kan ik niet aanwezig zijn bij een gebeurtenis die een oeuvre classificeert dat is voortgesproten uit mijn auteurschap?

Trouwens, het waren zij die de benaming "oeuvre" gebruikten voor mijn werk en dat beviel

# Prefácio

“Parabéns, seu trabalho está entre os vencedores e você poderá concorrer ao sorteio de uma passagem para o Brasil.” Esta mensagem era o convite para a entrega da premiação que aconteceria em Genebra, no final de semana seguinte.

Então, junto com o e-mail abriu-se uma janela ensolarada, um arco-íris emoldurando a imagem, com a caixa do tesouro ao pé das cores. “Sua presença é desejada, mas não indispensável, dizia o convite”. Desde aquele momento entretanto, a minha presença era indubitavelmente requerida. Era questão de foro íntimo. Como não estar presente ao evento que classificou uma obra de minha autoria?

Aliás, foram eles quem usaram o termo “obra” para o meu trabalho. Então, a minha obra estava entre as vencedoras e eu ainda concorreria a um sorteio para uma passagem pa-

mij wel. Dus, mijn oeuvre bevond zich tussen de winnaars en ik moest nog wedijveren in een trekking voor een reis naar Brazilië. Had ik dat wel goed begrepen? Voor mij was de prijs al gewonnen. De gelegenheid om naar Genève te gaan, de bakermat van de UNO, de ILO, de WTO en het Rode Kruis, die ik allemaal bezocht.

Een snelle opzoeking in het internet bracht mij bij Easyjet, die mij een onklopbare prijs en een optimaal uurrooster aanbood, zeker voor een huisvrouw die zich slechts enkele uren afwezigheid kan veroorloven, en zelfs dan nog alleen als alles georganiseerd wordt achtergelaten.

Om aan het reisplan naar Genève tegemoet te komen, blijft de zoon bij een vriendin en haar man veranderde zijn werkrooster om hun dochtertje in de creche af te halen. Het is toch niet elke dag dat men in Zwitserland een literaire prijs in de Portugese taal in ontvangst neemt.

Mijn man wisselt zijn ploegendienst op het werk, zodat hij de ganse dag vrij zou zijn om de kleine klussen in huis uit te voeren en hij bracht mij enkele uren vóór de inscheping, naar het dichtstbijzijnde treinstation. De trein hier is zeer efficiënt, hij vertrekt en arriveert volgens het uurrooster en er doen zich zelden problemen voor. En tot mijn wanhoop liep het deze dag mis. Een ongeval verplichtte de

ra o Brasil? Entendi bem? Meu prêmio eu já havia ganhado. A possibilidade da minha ida a Genebra, o país da ONU, da OIT, OMC e da Cruz Vermelha, me animou, pois eu fazia questão de visitá-lo.

Uma rápida busca na internet e encontrei o EasyJet com um preço imbatível e ótimos horários para uma dona de casa que só pode ausentar-se poucas horas e ainda assim deixar tudo organizado. O filho fica com a amiga e a filhinha, o marido busca na creche, depois de ter trocado o dia para atender ao plano de viagem a Genebra. Afinal, não é sempre que se recebe um prêmio literário de língua portuguesa na Suíça.

Meu marido, por ter trocado os turnos de trabalho, teria todo o dia livre para fazer alguns pequenos reparos em casa, por isso me deixou na estação de trem mais próxima algumas horas antes do embarque. O trem aqui é muito eficiente, parte e chega no horário, e raramente fura. Mas neste dia, para meu desespero, furou. Um acidente obrigava os passageiros a fazerem uma volta enorme, e ainda soube daqueles que tiveram de esperar duas horas dentro do trem para poderem seguir viagem. Graças a Deus eu estava a salvo destes vagões-prisões, e meu marido pôde nos levar

reizigers van een enorme omweg te maken en toch slaagden zij, die twee uur in de trein moesten wachten, erin om de reis verder te zetten. Godzijdank ontsnapte ik aan deze gevangeniswagons en kon mijn man ons met de auto naar de luchthaven brengen. Ons brengen? Maar wie reisde er nog mee met jou? In de wachtlijn aan het informatiekantoor van het treinstation, was er een koppel met hetzelfde probleem als het mijne en zij konden mij amper geloven toen ik hun een lift aanbood. Zij wilden wel delen in de benzinekosten, maar wij bedankten ervoor en wezen hun aanbod af. God zou ons wel belonen, maar ik wist nog niet dat het zo vlug zou gaan gebeuren.

De vlucht vertrok zonder vertraging en de landing was stipt op tijd. In het vliegtuig was er het schaamtegevoel van het niet kunnen communiceren met personen, ofschoon ik geprobeerd heb om een woord te gebruiken en regelmatig te herhalen dat wel door iedereen verstaan wordt. Ik vroeg namelijk om koffie, maar de stewardess maakte mij erop attent dat er luchtturbulenties waren en dat zij geen warme drank aanbeval. Dus vroeg ik om koude melk. Ik zei M I L K.

Met een gezicht van "Mijn God waar heeft die het over?" werd het mij klaar dat ze mij niet begreep en ze vroeg hulp aan haar collega aan de an-

até o aeroporto de carro. Nos levar? Mas quem viajava mais conosco?

Na fila do balcão de informações sobre os trens, um casal tinha o mesmo problema que o meu e eles nem acreditaram quando ofereci carona. Queriam nos dar algum trocado para ajudar na gasolina, mas agradecemos e dispensamos. Deus recompensaria, mas nem sabia que aconteceria tão rapidamente.

O vôo saiu sem atraso, a chegada já em cima da hora. Dentro do avião, paguei o mico de não ser entendida pelas pessoas, embora tenha tentado usar e repetir pausadamente uma palavra muito comum. Eu tinha pedido um café, mas a aeromoça me disse que enfrentaríamos uma turbulência e que não recomendava bebida quente. Pedi então leite frio. E disse: *MILK*. Ela não entendeu, e fez aquela cara de "Meu Deus, que é isso?", pedindo ajuda ao colega do lado. Eu repeti pausadamente, mas em holandês, já que em inglês não fui entendida. Eu disse *M E L K*, com o L bem pronunciado, já pensando em apelar e começar a fazer o gemido da vaca: Muuuuuuu!

Ou, ainda pior, pegar no meu peito e fazer a cena de tirar o leite da vaca. Mas aí ela certamente confundiria. Quem era a vaca e quem era o burro? Até que peguei a foto do pacote no li-

dere zijde. Met tussenpauzen herhaalde ik het woord in het Nederlands, omdat het Engels toch al niet begrepen werd. Ik zei M E L K, daarbij de L goed uitsprekend, en ik dacht er al aan om het geweeklaag van een koe te gaan nabootsen: Múuuuuuuuu! Of, zelfs nog erger, naar mijn borsten te grijpen om het melken te demonstreren. Maar dat zou met zekerheid voor verwarring hebben gezorgd, want wie was dan de koe en wie de ezel? Totdat ik de foto nam van het pak melk in het boekje dat ter inzage ligt voor de passagiers en waarin men kan uitkiezen wat men wil eten en ik toonde het. Wat een opluchting! Maar men had geen melk. De moed opgevend nam ik dan maar niets. Toen ik dit vertelde tegen mijn echtgenoot zei hij dat ik mij iets simpeler had moeten herinneren. Herinner jij je Caffe Latte (Koffie Verkeerd)? Juist, Latte was het magisch woord. Niet Milk of Melk. Het goede woord was Latte. Het lijkt op het Portugese woord "leite", hetgeen melk betekent. Het zal voor een volgende keer zijn. Weer eentje bijgeleerd uit het wereldje van de gastronomie.

Het volgende heb ik gelezen in een tijdschrift aan boord. Van origine komt de croissant uit Boedapest en dateert van 1686. De bakkers die elke nacht en in de vroege uurtjes werkten sloegen alarm toen ze de ondergrondse

vrinho que oferecem a bordo para a gente escolher o que quer comer e mostrei. Que alívio! Mas não tinham. Não tomei nada, desisti de querer pedir outra coisa. Quando contei isso para o meu marido, ele disse que eu deveria me lembrar de algo ainda mais fácil: lembra-se de *caffe latte*? Claro, *latte* era a palavra mágica.

Nem *milk*, nem *melk*. Era *latte*. A cara de leite. Fica pra próxima. Aprendi mais uma na área gastronômica. Li isso na revista de bordo. O *croissant* é originário de Budapeste, em 1686. Os padeiros que trabalhavam toda a noite e bem cedinho, perceberam a movimentação da ocupação turca e acionaram as sirenes. Reza a lenda que o formato do pãozinho é o mesmo da bandeira otomana.

Depois do desembarque, passei no banheiro para dar uma geral e não esquecer de colocar meus amuletos de ouro, figa e imagem benzidos que ganhei ao vir ao Brasil, no nascimento do meu filho, seis anos antes e nunca usados. Era especialíssima a ocasião.

Recebi ainda a ajuda de um funcionário do aeroporto, que trocou as notas por moedas para o ônibus que precisei tomar. Eu levava apenas a bagagem de mão e a organizadora já tinha me dado todas as dicas para chegar, inclusive marcando bem as sílabas que eu de-

graafactiviteiten opmerkten van de Turken, die de bedoeling hadden om de stad te veroveren. Ter nagedachtenis en als beloning kregen ze het recht om een exclusief brood aan te maken, waarvan het formaat sterk leek op de halve maan in de Ottomaanse vlag.

Na de ontscheping, begaf ik mij naar het toilet om mij te verfrissen en mijn make up wat bij te werken en niet te vergeten om mijn, uit Brazilië komende, gouden amuletten, mijn talisman en gewijde foto, aan te brengen, die ik ter gelegenheid van de geboorte van mijn zoon, reeds zes jaar geleden, ontvangen had en nooit meer had gebruikt. Dit was de gelegenheid bij uitstek.

Bovendien kreeg ik de hulp van een functionaris van de luchthaven die mijn biljetten ruilde voor wat kleingeld, dat nodig was voor de autobus die ik moest nemen. Nauwelijks had zij de baggage in de hand, of de organisatrice gaf mij alle aanwijzingen om er te geraken, met inbegrip van een goede uiteenzetting van de lettergrepen waar ik bij de uitspraak de klemtoon op diende te leggen. Place Belair (te lezen als Plas Beeleir). En daar ging ik dan, met mijn gebrekkig Engels, Frans en Nederlands, in de richting van de hoogste prijs in de Portugese taal van deze literaire wedstrijd. De smoking, zoals Marlene Dietrich er ook eentje heeft gedragen, was in bruikleen van een

veria enfatizar. Place Belair (leia-se Plá-ce Bélér). E lá fui eu com o meu falso inglês, francês, holandês em direção ao prêmio máximo da língua portuguesa neste concurso literário.

O *smoking* (Marlene Dietrich?) que eu usava era emprestado de um amigo, presente de outro amigo em situação bem melhor que a nossa. Ou seja, estava nos trinques. Chic, cheirosa e confiante! Segui para a biblioteca da cidade, onde aconteceria o evento. Aos que perguntei, me diziam: a biblioteca é ali, mas está fechada a uma hora destas. Eu sabia que era um acontecimento especial. Lá soube que este evento já fazia parte do calendário anual. Somente me apresentei quando chamaram meu nome. Recebi o certificado de participação, o livro de 100 crônicas de Mário Prata (que são na verdade 129), e me sentei agradecendo a Deus, aos organizadores e ao público pelos aplausos.

O filho da presidente da Associação tocou violoncelo, representando-a. Ela é brasileira e prefeita de uma cidade do interior do país. Estava ocupada com outros importantes afazeres. Uma menininha da platéia foi convidada a tirar o nome que ganharia a passagem para o Brasil. Saiu o meu. Voltei ao palco, agradeci agora principalmente a Ele, pois isso só poderia ser

vriend, en op zijn beurt een geschenk aan hem van een andere vriend die in een betere situatie verkeert dan de onze. Het is te zeggen, ik was perfect. Elegant, welruikend en vol vertrouwen! Ik zette mijn weg verder naar de stadsbibliotheek waar het evenement zou plaatsvinden. Aan degenen die ik het vroeg werd mij gezegd: De bibliotheek is daarginds maar op dit uur is ze gesloten. Ik wist meteen dat het om een speciale gebeurtenis ging. Ter plaatse zag ik dat de happening weerhouden was op de jaarkalender. Ik kwam pas opdagen toen mijn naam werd afgeroepen. Ik nam het deelnemingscertificaat en het boek, de 100 kronieken van Mário Prata (het zijn er in werkelijkheid 129 aldus), in ontvangst en na God, de organisatoren en het publiek voor zijn applaus bedankt te hebben, zette ik mij terug neer.

Haar vertegenwoordigend, speelde de zoon van de voorzitster van de vereniging op de cello. Zij is Braziliaanse en burgemeester van een stad in het binnenland. Zij was bezet met andere belangrijke bezigheden. Een meisje uit het publiek werd uitgenodigd om de naam te loten van degene die de reis naar Brazilië zou winnen. Mij naam kwam eruit. Ik keerde terug op het podium en bedankte nu speciaal Hem, want het kon alleen maar het werk van Hemzelf zijn. Dit zou men wel het meesterwerk van de

mesmo obra Dele. A isto sim se poderia chamar de obra-prima do criador. Milagre! Eu, a única concorrente presente da Holanda, embora outras três tenham participado e ganhado o direito de concorrer à passagem. Na altura em que escrevo, minha passagem já está marcada.

Na Suíça, ainda provamos da culinária regional comendo raclette, uma especialidade com batatas cozidas e queijo Gruyère derretido. Dá água na boca só de lembrar. Compramos o legítimo pão francês em uma feira, no quarteirão ao lado onde eu e mais duas escritoras brasileiras estávamos hospedadas. Jacilene Brataas (autora de *Destino mundo*) e Fábia Terni, com vários livros publicados. E eu ainda começando o percurso.

Luiz Fernando Verissimo escreveu a orelha das crônicas de Mário Prata, que ganhei como um dos prêmios. Mário nasceu em Minas Gerais, como eu, e ganhou prêmios no Brasil e no exterior. Eu já ganhei meu primeiro prêmio no exterior. Estou fazendo o caminho inverso. Deve ser porque eu já more ao contrário. Moro na Holanda.

Schepper kunnen noemen. Een wonder! Ik, de enige aanwezige mededingster uit Nederland, alhoewel drie andere hebben deelgenomen, en, ik win het recht om te wedijveren voor de reis.

Op het ogenblik dat ik dit schrijf, is mijn reis reeds gereserveerd.

Ik heb van de plaatselijke kookkunst geproefd door een lokale specialiteit op basis van aardappelen en gesmolten kaas te eten. Het water komt mij in de mond, alleen al bij de herinnering eraan. We kochten het authentieke Frans brood op de markt in Frankrijk, in de huizenblok aan de kant waar we gehuisvest waren. Ikzelf en verder nog twee Braziliaanse schrijfsters met uitgegeven werken, Jacilene Brataas, Destino Mundo (Bestemming Wereld) en Fábia Terni, en ik die mij aan het begin van mijn loopbaan bevind.

Luiz Fernando Veríssimo schreef de kronieken van Mário Prata, het neusje van de zalm. Hij kwam ook uit Minas en won prijzen in Brazilië en in het buitenland. Ik heb reeds mijn prijs gewonnen in het buitenland. Ik volg de omgekeerde weg.

# Hier en daar
# Aqui e lá

De vulkaan Vesuvius veroorzaakte met zijn onderaardse krachten historische schade aan de stad Pompeï in Italië. De Brazilianen kennen ook een 'Vesuvius' die een opmerkelijke bijdrage aan de geschiedenis van de inwoners van Bahia leverde. We hebben het over de beroemde bar in de stad Ilhéus, in de staat Bahia. Verscholen, aan een geheime weg, vond daar iets bijzonders plaats. De weg liep naar de bar 'Bataclã', een nachtcafé, waar prostituees, die zelfs door de priester beschermd werden, die een 'medeplichtige' was van de 'kolonels' (de notabelen, die door de bevolking 'kolonels' genoemd werden) in die periode.

De priester maakte zijn kerkdiensten langer en waarschuwde de 'kolonels' door de klok te luiden, daarmee aangevend dat de kerkdienst bijna afgelopen was, zodat de mannen in de bar 'Bataclã' wisten dat het feestje in de bar snel voorbij moest zijn. Op die manier hadden de 'kolonels' tijd genoeg om als onschuldige schapen voor hun echtgenotes voor de deur van de kerk te verschijnen. De 'kolonels' waren geen militairen; het waren rijke cacaobaronnen, die de titel kochten.

De 'Vesuvius' van de Brazilianen kende

O vulcão *Vesúvio*, com o seu poder subterrâneo, fez um estrago histórico à cidade de Pompéia, na Itália. Conhecido dos brasileiros, outro Vesúvio também teve uma participação marcante na história do povo baiano. Trata-se do famoso bar na cidade de Ilhéus, interior do estado da Bahia. Em suas profundezas, numa passagem secreta, acontecia alguma coisa curiosa. A passagem dava em direção ao Bataclã, uma casa noturna das mulheres da vida, protegidas até pelo padre, "cupincha" dos chamados coronéis da época.

O padre alongava a missa e avisava pelo badalo do sino quando a cerimônia ia terminar para acabar com a farra no Bataclã. Assim, os coronéis tinham tempo suficiente para se apresentar como santos às suas esposas na porta da igreja. Os coronéis não eram militares, compravam as patentes com o poder de ricos fazendeiros de cacau.

O *Vesúvio* dos brasileiros tem um freqüentador assíduo, faça chuva, faça sol. O tal fulano mora no bar até hoje. Ele é filho amado da terra e em 53 países, 48 línguas e dialetos diferentes. Visitando a cidade, pode-se sentar ao seu lado, estátua de pedra na praça, bater em seu ombro e cochichar:

een regelmatige bezoeker, weer of geen weer – die tot op de dag van vandaag tot het meubilair behoort. Hij is geliefd (Amado is het woord voor geliefd in het Portugees) in zijn vaderland en nog 53 landen, in 48 talen en verschillende dialecten. Als je de stad bezoekt, kun je bij hem gaan zitten; hij is nu een stenen beeld; je kunt op zijn schouder tikken en hem iets in zijn oor fluisteren: – Jorge Amado, verlicht ons!

Als je je meer in hem wilt verdiepen, ga dan aan de tafel zitten waaraan hij werkte – het huis is publiek toegankelijk – en vraag de goden en alle heiligen van Bahia 'verlichting' door de toorts, de wegwijzer, die de weg naar Amado's literatuur aangeeft; die je hopelijk naar de code leidt waarmee je de formule bemachtigt die zijn literatuur voor je ontsluiten. Hopelijk helpen de goden je om een draad uit de wolbal van zijn ideeën te trekken zodat je je als lezer verbonden voelt met de geliefde auteur.

– Jorge, Amado! Revele-nos.

Para reforçar o pedido, sente-se à sua mesa de trabalho, em sua, casa aberta à visitação pública, e peça aos deuses e a todos os santos da Bahia que dêem uma luz, um "fachim" que for, mostrando o caminho das letras, a matemática da combinação que resulte como a dele, numa equação literária, que desenrole o novelo do emaranhado das idéias, tecendo o fio que amarra o público ao seu babado.

Jorge Amado imortalizou sua obra e seu corpo se petrificou naquela estátua, como os corpos tomados pelas lavas do *Vesúvio* italiano. Mas quando ele descansou, pediu que jogassem suas cinzas no rio que corre atrás da casa da fazenda, propriedade adquirida pelo pai, num prêmio de loteria chamado Sorte Grande.

Numa caminhada ao entardecer, ao longo do mar azul, um nativo baiano

Jorge Amado heeft zijn werk onsterfelijk gemaakt en zijn lichaam is tot beeld versteend, net zoals de lichamen die door de lava van de Italiaanse Vesuvius werden getroffen. Maar voordat hij zijn laatste adem uitblies, vroeg hij of zijn as in de rivier die achter het huis liep, gestrooid kon worden; het huis was gekocht door zijn vader met het geld dat hij bij een loterij (de Sorte Grande) gewonnen had.

Tijdens een wandeling aan het eind van de middag, langs de azuur blauwe zee wijst een inwoner van Bahia mij waar ik een apotheek kan vinden – drie straten verderop, zegt hij, moet je rechtsaf. Als die apotheek je niet kan helpen, dan is het ziekenhuis nog twee straten verder, en als men je daar niet helpen kan, dan is het kerkhof aan het eind van de straat.

Aangezien ik katholiek ben, heb ik besloten dat ik wil worden begraven, maar ik weet niet welke vlag op mijn kist zou moeten liggen, die van Brazilië of Nederland. Maar ik zou er vrede mee hebben als ik in Bahia zou overlijden, op een van die 365 zonnige dagen, met die palmen die de lucht vegen, en zijn kokospalmen vol vruchten. “Een baiaan, een kokosnoot, twee baianen, twee kokosnoten,

indica onde se poderia encontrar uma farmácia, e sugere uma qualquer, a três ruas dali, à direita. Caso não resolva, aponta o hospital duas ruas abaixo, e, piorando, o cemitério lá no fundo.

Eu, católica, já decidi que quero ser enterrada. Só me falta decidir sob qual das bandeiras, do Brasil ou da Holanda. Mas eu morreria feliz na Bahia, em um dos 365 dias de sol, com as palmeiras varrendo o céu e seus coqueiros fartos, frutos possíveis.

"Um coco, um baiano; dois cocos, cocada; três cocos, uma baianada", cantavam os Doces Bárbaros.

drie kokosnoten een dessert van kokosnoten, vier baianen een groep van," zoals Doces Bárbaros (Zoete Barbaren) van Bahia zongen.

De as van de Nederlandse dichter, Uiliã uit Rotterdam, werd in de rivier de Araguaia uitgestrooid in Goiás, Brazilië. Als je bij die rivier (rio) ooit de zon hebt zien ondergaan, dan begrijp je zijn keuze voor zijn laatste rustplaats. Een minder nobel lot zou de as van de moeder van een mij bekende Braziliaan treffen, die in dezelfde stad woonde. De as kwam bijna in een stofzuigerzak terecht. Gelukkig kwam mijn kennis op tijd thuis om de werkster te kunnen waarschuwen dat de pot per ongeluk geraakt werd door het snoer van de stofzuiger die gehanteerd werd door de onervaren werkster, en omviel, waardoor de stoffelijke resten van zijn lieve moeder op de vloer terecht dreigden te komen. Uiteindelijk werd de urn naar het water gebracht van een wereldberoemde Rio (rivier), namelijk Rio de Janeiro.

Ik keer weer terug naar de plaats Ilhéus, naar zijn straatjes, en de lezer

As cinzas do poeta holandês, Uiliã de Roterdã, foram jogadas no Araguaia, em Goiás. Conhecendo bem o nascer e o pôr-do-sol daquele rio, entende-se sua escolha, determinada em vida.

Destino menos nobre, teriam as cinzas da mãe de um conhecido brasileiro, que vive na mesma cidade. Quase foram parar dentro do saco de um aspirador. Felizmente, meu conhecido chegou à casa a tempo de avisar que aquele jarro derrubado acidentalmente pelo cabo do aspirador da diarista inexperiente eram os restos mortais de sua querida mãezinha, levada, por fim, ao mar de um Rio universalmente conhecido, o Rio de Janeiro.

Remeto-me novamente a Ilhéus, ainda em suas ruas, e vocês saberão por quê. Juninho (já o chamando pelo apelido) é a réplica baiana do Cristo Redentor carioca, eleita, atualmente, uma das mais maravilhosas obras em todo o mundo.

weet waarschijnlijk waarom. Juninho (ik gebruik het koosnaampje voor dit standbeeld) is de kopie in Bahia van het Christusbeeld in Rio, dat nu bekend staat als een van de mooiste kunstwerken ter wereld.

– Zegen uw volk, o lokale Christus, de Redder, verlicht alle Brazilianen, waar ze ook zijn!

Zoals in het liedje 'Bahia heeft zijn eigen stijl', gezongen in proza en dichtvorm door Dorival Caymmi, heeft 'Juninho' ook zijn eigen stijl. Een Christusbeeld met een uitgestrekte arm en de andere arm gebogen, een houding die zou kunnen verwijzen naar de wat lossere manier waarop de inwoners van Bahia in het leven staan, zoals die tot uitdrukking komt in het adagium: maak je niet dik. De Bahiaan haast zich niet: waarom zou hij zich naar de dood spoeden?

De Nederlanders echter haasten zich door het leven, maar willen wel aandenkens verzamelen aan de doden; ze gebruiken tanden voor in juwelen, kettingen met de vingerafdrukken van de overledene, of met plukjes haar, en zelfs met de as van de gestorvene. Een Braziliaanse vrouw in ballingschap die gelukkig is in haar huwelijk beschrijft de Nederlandse man als zijnde zeer

– Se abençoa seu povo, ó, Cristo Redentor local, ilumine todos os brasileiros, onde estiverem!

Assim como "a Bahia tem um jeito", cantada em prosa e verso por Dorival Caymmi, "Juninho" tem um estilo todo seu, um cristo com um braço estendido, o outro encolhido, fazendo apologia à máxima de que o baiano

afhankelijk, ze nemen niet gauw het initiatief, maar ze zijn trouw en hebben verantwoordelijkheidsgevoel. Verwacht geen romantiek van deze mannen, dat is niet hun sterkste punt. Ik onderschrijf haar mening: welke romantische man zou een tand of een ketting met de as van zijn overleden familielid dragen?

Mijn volgende verhaal heeft als titel: avonturen van een werkster. Beschuldig me maar, wie zonder zonde is moet de eerste spons maar gooien; wie illegaal in een land verblijft kan echter alleen geld verdienen met schoonmaken. In Brazilië ben ik gepromoveerd, maar als illegaal in Nederland was ik niemand.

Iemand stuurde mij door naar een vrijgezel bij wie ik zou kunnen gaan werken als interieurverzorgster (toen heette dat beroep nog werkster). In het huis was er sprake van een in – en uitlopen van mensen; ik keerde hen mijn rug toe om niet herkend te worden en om niemand te zien.

In de loop van de tijd groeide mijn zelfvertrouwen. Hij vertelde mij dat hij met vakantie zou gaan. Ik kon blijven schoonmaken, maar hij wees me erop dat ik zijn Harley Davidson niet hoefde te reinigen. Die

não se avexa, nem se estressa. Talvez nem corra, afinal, para que ter pressa para correr até o derradeiro destino?

Correr e servir de relíquia, como ouvi dizer dos holandeses, que fazem jóias com dentes, colares com as impressões digitais do cadáver, pedaços de cabelos, e até com as cinzas, como recordação de seus entes queridos já falecidos.

Uma brasileira descolada e feliz no casamento definiu os homens holandeses como muito dependentes e com dificuldade de tomar iniciativas, confiáveis e muito responsáveis. Não espere romantismo desses homens, pois não é o forte deles. Reitero o que ela diz. Afinal, qual romântico usaria um dente ou um pingente com as cinzas de seus parentes mortos?

Aventuras como diarista eu tenho para contar. Atire a primeira bucha quem vai morar ilegal num país e ganha dinheiro fora da faxina. No Brasil, tive estudo até a pós-graduação, mas ilegal na Holanda, não era ninguém.

Fui indicada para trabalhar como diarista (na época a profissão ainda era a de faxineira) na casa de um homem solteiro, em Amsterdã.

stond in het midden van zijn woonkamer, als een kunstobject.

Toen hij van vakantie terugkwam, was hij wanhopig en gedeprimeerd. Triest vertelde hij me: 'Maria, ze hebben mijn baby meegenomen.' Ik wist niet dat hij kinderen had. Een baby! Ik zei hardop bij mezelf: wat kunnen mensen toch gemeen zijn; men neemt aan dat zoiets alleen in Brazilië zou kunnen voorkomen, een baby weghalen.

Toen hij merkte ik het niet goed leek te begrijpen, legde hij me uit dat zijn motor was gestolen. De Harley Davidson was zijn baby. Zo erg is dat toch niet, dacht ik. Wat een vreemde man om een object als mens, kind of baby te beschouwen.

Toen ik naar huis ging, terwijl de gebeurtenissen nog door mijn hoofd speelden, lette ik niet goed op en werd ik, op de fiets gezeten, bijna aangereden door een tram (een bekend vervoersmiddel in Amsterdam), een oud, zwaar en moeilijk te stoppen gevaarte.

Op weg naar huis, al een beetje bekomen van de schrik, ging ik langs de supermarkt en ik besloot een stroganoff voor het avondeten te bereiden. Ik had weinig geld; ik begreep niets van de Nederlandse taal, en

Harley
Davidson

nam het goedkoopste vlees dat daar lag, ik kocht een blikje crème fraiche, een doosje erg goedkope paddestoelen en toen ik de winkel verliet voelde ik me al beter, denkend aan de maaltijd waarop ik me die avond zou trakteren.

Ik kwam thuis waar ik de keuken met anderen deelde. Ik wist dat mijn kooktijd beperkt was. Ik sneed het vlees in mooie vierkantjes en deed het vlees in de pan. Ik ging douchen, ruimde op en las een recept. Het vlees was na een half uur nog hard, ik kon niet geloven dat mijn medebewoners nieuwsgierig de volgende woorden op het etiket op de verpakking lazen: vlees voor katten.

Ik had vlees voor katten gekocht en dat bijna opgegeten. Dit was de druppel. Ik besloot om terug te keren naar Brazilië. Ik zou daar tenminste een stroganoff van filet mignon kunnen eten...

Maar ik deed niets anders dan mijn lot volgen, dat mij voorspeld was door een kaartlegster, in de plaats Porteirinha, in het binnenland, in het noorden van de staat Minas Gerais. Lang geleden voorspelde zij mij de toekomst, die inhield dat ik in Europa zou gaan wonen, en dat ik met een buitenlander zou trouwen. Vanaf het voorval

A casa era um intenso entra-e-sai de gente e eu virava até de costas para não ser vista, nem ver ninguém. Com o tempo, a confiança foi crescendo e ele me avisou que sairia de férias. Que eu continuasse a fazer o serviço de sempre, com a recomendação expressa de não precisar limpar a sua motocicleta Harley Davidson, estacionada no centro da sala da casa, como um objeto de decoração.

Quando ele voltou das férias estava desolado e deprimido. Abatido, me disse:

– Maria, levaram meu baby.

E eu que nem sabia que ele tinha filhos, um bebê? Pensando alto, eu disse: "que maldade do povo, depois diz que isto só acontece no Brasil, levaram um bebezinho".

Ele, vendo o mal-entendido, esclareceu que tinham roubado sua moto, a Harley Davison, seu baby. Ah, sim, menos mal, pensei. Homem estranho, tratar um objeto como gente, criança, um bebezinho?

Na volta para casa, perturbada com o acontecido, me distraí e quase fui atropelada de bicicleta por um bonde, transporte comum em Amsterdã, antigo, pesado e difícil de parar. Continuando, refeita

met de stroganoff tot nu was het een voortdurend heen en weer reizen tussen Nederland en Brazilië, meestal als arme toerist, totdat ik me hier permanent kon vestigen als staatsburger met stemrecht.

Een keer keerde ik als au pair terug in Nederland en werkte ik in een vriendelijke Braziliaans – Nederlandse familie. Maar mijn droom was om door te gaan met wat ik in Brazilië deed en waarmee ik in mijn levensonderhoud voorzag: schrijven. Toen deed zich een volgende gelegenheid voor: een nieuwe krant in Londen, in het Portugees, zocht correspondenten voor heel Europa. De kans waarnaar ik lang had uitgekeken.

Ik was me ervan bewust dat ik met iets spectaculairs moest komen om het contract als correspondent te kunnen krijgen. Vol vertrouwen wachtte ik op dat moment. Ik moest nog inburgeren, ik sprak nog geen woord Nederlands. Mijn Engels was ook tamelijk beroerd: net als dat van een man die ik de lezer later zal voorstellen – om kort te gaan, niemand kon mij verstaan.

Op een regenachtige dag, zoals die er veel zijn in Nederland, hoorde ik van een vriend dat hij speciaal bezoek zou krijgen in het weekend. Een Braziliaanse kennis van hem,

do susto, passei por um supermercado e resolvi que faria um strogonoff para o jantar.

Grana curta, sem entender uma só palavra do idioma, passei a mão na carne mais barata que tinha, comprei creme de leite, uma caixinha de cogumelos bem em conta e saí melhor dali, pensando no delicioso prato que me ofertaria naquela noite.

Cheguei em casa, onde dividia a cozinha com as donas do lugar, e sabia que eu tinha um tempo cronometrado para preparar a minha refeição. Piquei a carne em quadradinhos lindos e botei pra cozinhar. Fui tomar banho, ajeitar as coisas e, de quando em vez, ia conferir minha receita. A carne, ainda dura, depois de quase meia hora cozinhando. Eu não acreditei quando as minhas companheiras de república, por curiosidade, leram a embalagem

die in een Nederlandse gevangenis een straf uitzat, zou bij hem komen logeren. Hij zou na bijna twee jaar opgesloten te zijn geweest, zijn eerste weekend in vrijheid beleven. Ik vroeg mijn vriend of hij iets voor mij zou kunnen doen; of die gevangene mij zijn levensverhaal zou kunnen vertellen. Dat zou mijn debuut voor de krant kunnen worden.

Het antwoord luidde positief, met de voorwaarde dat ik hem niet mocht fotograferen, en dat ik me aan zijn agenda zou aanpassen. Ik stemde met alles in. We maakten een afspraak en hij kwam mij bij mij thuis ophalen. De plek waar het interview plaats zou vinden leek ongepast, maar was reeds in zijn agenda opgenomen. Een gemeenschappelijke sauna, iets wat normaal is in Nederland. In mijn hoofd speelde de volgende gedachte: als een man uit de gevangenis komt is het eerste waaraan hij denkt een vrouw.

Maar bang was ik niet, ik liet met de liberale gedachtegolf in Nederland meevoeren, en deelde met hem – tussen andere naakte vrouwen en mannen – de Spa: de

da compra. “Carne para gatos”. Eu tinha comprado, e quase comido, carne para gatos. Foi a gota d’água para me decidir, pela primeira vez de muitas, a voltar a viver no Brasil. Pelo menos lá comeria strogonoff de filet mignon.

Mas eu apenas cumpria o meu destino, adiantado por uma cartomante na cidade de

saunaruimte, het restaurant, de koude en warme zwembaden; ik wilde mijn gedachten echter alleen maar op mijn journalistieke doel richten.

We leerden elkaar kennen gedurende de uren die we daar doorbrachten en mijn enige zorg was dat mijn opnameapparaat niet in

Porteirinha, interior no norte de Minas Gerais. Ela previu o meu futuro morando na Europa, casada com estrangeiro, muitos anos atrás. Do strogonoff até hoje foram muitas idas e vindas como turista (pobre) até me estabelecer como cidadã com direito a voto.

Numa outra vez, voltei como *au-pair* de uma família BRASIL X HOLANDA. Mas o meu sonho era continuar a fazer o que fazia no Brasil: ganhava a vida escrevendo. Foi quando surgiu a oportunidade de um jornal novo em Londres, em português, procurando correspondentes em toda a Europa. A chance que eu tanto esperava.

Eu sabia que precisaria de um assunto "quente" para poder ser contratada como correspondente. E esperei confiante! Ainda estava me ambientando no país, ainda não falava um A de holandês. Meu inglês era igual ao de um fanhoso, o qual apresentarei para vocês em momento oportuno, mas, resumindo: ninguém entendia nada.

Foi num dia chuvoso, como sempre é na Holanda, que ouvi de um amigo que receberia uma visita muito especial naquele final de semana. Alojaria um conhecido bra-

het water zou vallen. Niet alleen omdat daardoor het interview verloren zou gaan, maar ook omdat dit apparaatje het eerste cadeau was van mijn Nederlandse vriendje, die nu al bijna tien jaar mijn echtgenoot is.

De gevangene beantwoordde eerlijk alle vragen en dit geslaagde interview bezorgde mij het contract als correspondent in Londen. Het interview werd in zijn geheel gepubliceerd en ik sprong een gat in de lucht, ik werd in ponden uitbetaald, nog in de tijd van de gulden in Nederland, die veel minder waard was dan de euro nu. Het interview kreeg als titel: Braziliaanse gevangene spreekt over zijn ervaringen in een Nederlandse gevangenis. De bankrekening die ik toen opende om het salaris als freelance correspondent te ontvangen heb ik nog steeds. Toen waren de eisen om een bankrekening te openen nog niet zo streng.

Toendertijd moest ik mijn toekomstige man die de kaartlegster uit het binnenland van Brazilië voor mij in gedachten had nog tegenkomen. Mijn Braziliaanse vriendinnen hadden al een Nederlands liefje gevonden, meestal jonger dan zij, wat helemaal niet zo onverantwoord was.

De opvatting van die vriendin over wie ik

sileiro que cumpria pena em uma prisão holandesa. Aquele seria o primeiro final de semana em liberdade, depois de quase dois anos em regime fechado. Pedi ao meu amigo que intercedesse por mim, para que o rapaz me contasse toda a sua história. Seria aquela a minha estréia para o jornal.

A resposta foi positiva, com a condição de que eu não o fotografasse nem atrapalhasse sua programação. Eu concordei com tudo no ato. Marcamos um encontro e ele me pegou em casa. O local da entrevista, embora parecesse inoportuno, estava dentro da programação dele. Uma sauna mista, muito comum no país. Na minha cabeça, quando um homem sai da prisão, a primeira coisa em que ele pensa é em mulher. Mas não tive medo, entrei na onda liberal da Holanda e dividi com ele, entre outros homens e mulheres, todos nus, o espaço SPA, a sauna, o restaurante, a piscina aquecida e gelada, apenas focada no meu material jornalístico.

Fomos nos conhecendo durante as várias horas em que passamos ali e minha única preocupação era que o meu gravador não caísse na água. Além do material que eu estava tendo a

het al eerder had, die zei dat de Nederlandse man fatsoenlijk is, kon ik zelf – tot mijn geluk – beamen; toch waren een paar van vriendinnen het niet met deze opvatting eens.

Zo was er een vriendin van mij het vreemd vond dat haar Nederlandse vriend in Brazilië zo anders was dan in Nederland. Toen zij elkaar leerden kennen was hij met vakantie in Ceará; hij deed alles voor haar, ging vaak bij haar langs, gaf haar regelmatig cadeautjes, wat haar reusachtig meeviel. Hij was altijd in voor seks. Kwam dat door de Braziliaanse hitte of werd hij opgewonden van de talloze vrouwen die daar rondliepen?

De waarheid was dat, toen ze in Nederland gingen samenwonen, de passie sterk verminderde. Zij probeerde hem te verleiden, probeerde hem over te halen, maar hij bleef weigeren. 'Ben ik dikker geworden?' vroeg ze aan mij, vol schuldgevoel.

Het behoeft geen betoog dat het leven van een allochtone vrouw een kwelling is, als je dat nog leven kunt noemen: zonder familie, zonder werk, zonder poen. En dan nu ook

oportunidade de gravar, foi o primeiro presente do meu namorado holandês, hoje meu marido há quase dez anos.

Ele não se recusou a responder nenhuma pergunta, e a veracidade do seu depoimento me valeu o contrato como correspondente em Londres. O material foi integralmente publicado, e eu fiquei toda feliz, recebendo em libras, ainda na época do gulden ou florins, na Holanda, bem menos valioso que o euro atual.

O material recebeu o título: "Brasileiro preso na Holanda fala da prisão". Tenho até hoje a conta bancária que abri para receber o salário como correspondente *free-lancer*. À época, as exigências para abrir uma conta em banco não eram tão rígidas.

Nessa época, eu ainda descobriria o que a cartomante do interior reservava para mim. Minhas amigas brasileiras já tinham encontrado o amor holandês, normalmente mais jovem que elas, e nem por isso irresponsáveis. O conceito daquela amiga que descrevi no início, que diz que eles são mesmo gente fina, para minha sorte, pude constatar. Mas algumas delas divergem deste conceito.

nog zonder seks. Hoe kan ze haar calorieën verbranden als ze nooit heeft leren fietsen?

Een ander markant negatief voorbeeld was het volgende: op een dag gaven wij een vriendin in Nederland een vaatwasmachine als cadeau. We wilden voor haar het huishoudelijk werk verlichten, dat zwaar was, waar geen werkster aan te pas kwam, waardoor wij ons allemaal verplicht voelden om haar te helpen. Ze was nog aan het herstellen van een ernstige ziekte, maar haar Nederlandse echtgenoot vond een vaatwasmachine niet noodzakelijk en stuurde ons cadeau terug naar de winkel. Zijn argument was dat het waterverbruik en de kosten zouden toenemen en wij dachten juist dat onze actie de energie van onze vriendin zou sparen.

Door gekibbel over niets ging een ander het Brazinederlandse echtpaar scheiden. De reden hiervan was dat hij erg huiselijk was. Nooit wilde hij eens uitgaan. Zo'n grote vent die de hele tijd thuis zat, dat vond zij maar niks.

Hij was dertien jaar eerder gestopt met werken en hij leefde nog steeds van het geld dat hij toen verdiend had, de periode waarin hij niet werkte was net zo lang als die waarin

Como a estranheza do namorado holandês. No Brasil, quando namorados eram muito diferentes. Quando eles se conheceram, ele de férias no Ceará, bancava tudo, visitava freqüentemente, presenteava, agradava. Sexo, queria sempre. Seria o calor do Brasil ou a mulherada à solta que o excitava? Certo é que, quando foram viver juntos na Holanda, "a coisa" afrouxou. Ela vai pra cima dele, querendo, e ele recua e recusa. – Será que engordei? – Ela pergunta pra mim, cheia de culpa.

Ninguém precisa dizer, a vida de estrangeira é agonizante, se é que se pode chamar de vida: sem família, sem trabalho, sem grana. Agora, sem sexo. Como ela pode queimar suas calorias se nem de bicicleta sabe andar?

Outra triste ocasião foi o dia em que presenteamos uma amiga na Holanda com uma máquina de lavar louças. Queríamos poupá-la do trabalho doméstico, pesado no cotidiano sem empregada, obrigando todas as brasileiras a botarem a mão na massa mesmo. Ela ainda estava se recuperando de uma doença grave, e seu marido holandês dispensou e devolveu nosso presente à loja. O argumento é que gastaria muita

hij wel gewerkt had. Zij wilde geen Nederlands leren, omdat zij, zelfs in Brazilië, een hekel aan studeren had. Het was zelfs zo erg dat ze het punt bereikte dat ze thuis een vuurtje stookte van alle Nederlandse leerboeken; volgens haar was dit een reactie op de druk van de familieleden van haar man, die maar zelden langskwamen. 'Jij moet Nederlands leren spreken.' – klaagden de (nu ex-) familieleden.

Uiteindelijk stak ze de boeken aan, maar toch ging ze weer Nederlandse studeren omdat de Sociale Dienst dat eiste en volgens haar omdat de directeur zo lief was en welwillend en vol medeleven naar haar klachten luisterde.

Het leren van de Nederlandse taal is een eeuwige strijd voor allochtone vrouwen in Nederland. Ik studeer nu al jaren, maar ik maak nog steeds idiote fouten. Zoals bijvoorbeeld die keer dat we met Brazinederlanders in het Nederlands zaten te praten. Ik zei niet zoveel, omdat ik te verlegen was om het woord te voeren en ook omdat ik last had van mijn keel. De behulpzame gastvrouw bood me een keelpastille aan. Ik vroeg in het Nederlands of het een tablet was om op te kauwen of om af te zuigen, zoals wij dat in

água e energia da casa. E a gente pensando em poupar a energia dela...

Por outras picuinhas, o casal brasilandês se separou. O motivo era o fato de ele ser muito caseiro. Não queria sair nunca. Um homem enorme dentro de casa, o tempo todo – ela reclamava. Ele parou de trabalhar depois de 13 anos e ainda vive com o salário do antigo trabalho, ficando parado quase o mesmo tempo em que trabalhava. Ela não quer estudar o holandês, pois detesta qualquer tipo de estudo.

Ela já chegou a fazer uma fogueira dentro de casa, com todos os livros de holandês, segundo ela, reagindo contra a pressão da família, que os visitava raramente. – "Você precisa falar holandês" – reclamavam os ex-parentes.

Por fim, ateou fogo nos livros, mas voltou a estudar por exigência do seguro social do país e, segundo ela, pela doçura da diretora que escuta suas lamentações com atenção e afeto. Mas o que ela gosta mesmo, na escola, é a hora da pausa.

O aprendizado do idioma holandês é uma batalha coletiva das estrangeiras na Holanda. Estudo há anos e ainda dou foras homéricos, como aquele em que estávamos sentados entre amigos "brasilandeses", conversando em holandês. Eu conversava pouco, tanto pela

Brazilië gewoon zijn te vragen. Het probleem was dat ik voor 'zuigen' het werkwoord gebruikte dat in Nederland voor orale seks wordt gebruikt. Misschien komt daar mijn trauma vandaan.

Ook in mijn eigen taal heb ik moeilijke situaties meegemaakt, of tenminste grappig. Ik werkte ooit als telefoniste (als vakantiebaantje). Op een dag nam ik de telefoon aan met een formeel 'Goedenmiddag', maar toen ik een mannelijke stem hoorde, voegde ik eraan toe: 'Meneer, hoe kan ik u van dienst zijn?'

Aan de andere kant van de lijn hoorde ik dat het ging om 'mevrouw Huppeldepup', die met een lage mannelijke stem sprak. Ze bleef maar uitleggen dat hij (zij) een probleem had, dat hij (zij) zich zorgen maakte, en sprak heel snel, zonder pauzes, en daarom wist ik niet hoe ik hem (haar) kon helpen.

Ik moest eerst begrijpen waarover hij (zij) sprak om hem (haar) te kunnen doorverbinden, ik moet toegeven dat ik niet meer weet wanneer ik hem toesprak met 'mevrouw' of 'meneer', soms koos ik voor 'u' omdat 'u' zowel een mannelijke als vrouwelijke aanspreekvorm is. Maar de verwarring was er al.

timidez de me expressar quanto por uma dor de garganta que começava a me incomodar. A dona da casa, solícita, me ofereceu uma pastilha. Eu perguntei em holandês se era para mastigar ou para chupar, como perguntamos no Brasil. Só que o verbo que usei para "chupar" era um verbo muito usado para fazer sexo oral. Talvez venha daí o meu trauma.

Mas até na minha língua já passei por situações constrangedoras, ou, no mínimo, engraçadas. Também trabalhei como telefonista,

Je kunt je voorstellen dat het aan een balie anders is. De persoon die je voor je ziet doet je voortdurend beseffen dat je ondanks de mannelijke stem te maken hebt met een vrouw, iets wat bij het gesprek helpt. Maar via de telefoon is het: wat je hoort is wat je ziet, en al snel wordt hij (zij) erg nerveus en gaat klagen.

Omdat zijn (haar) geval tamelijk ingewikkeld was, en ik ondertussen ook nog andere klanten te woord moest staan, was ik de draad kwijt, en sprak ik de vrouw weer met

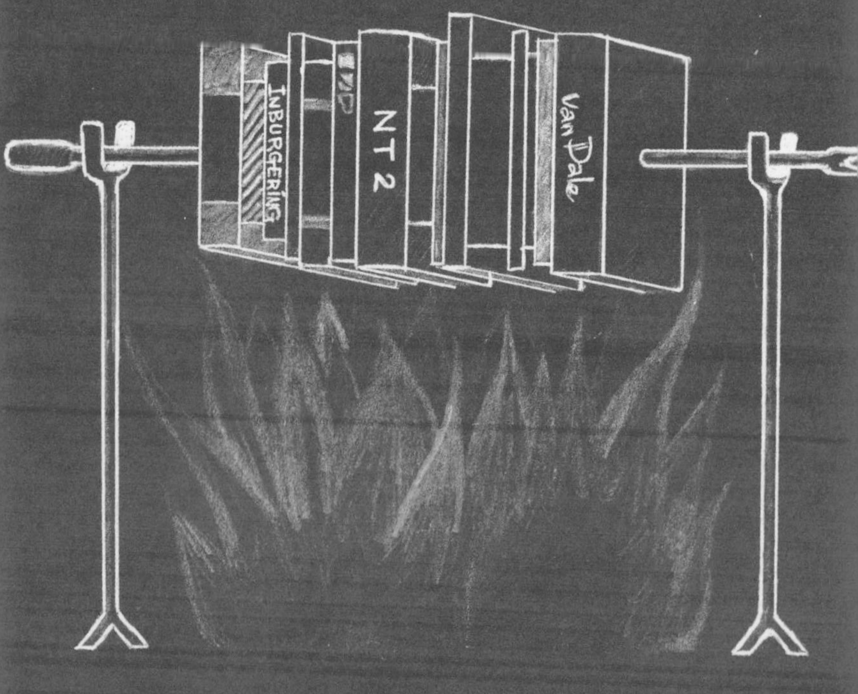

cobrindo férias. Um dia atendi ao telefone e dei o "boa-tarde" formal e, ao ouvir uma voz masculina, emendei com um "como posso ajudá-lo".

Do outro lado, ouvi dizer que era "fulana de tal", com aquele vozeirão de homem. E continuou dizendo que ele (a) estava com tal problema, ele (a) estava agitado, falava depressa, sem pontuação, e por isso eu não conseguia entender muito claramente como poderia ajudá-lo (a).

Eu precisava me orientar para poder encaminhá-lo (a). Confesso que me perdi sem saber se o chamava de senhor, às vezes de senhora, noutras vezes preferi usar "você" pela impessoalidade. Mas a confusão se instalou.

Imagine você fazendo um tipo de atendimento de balcão... é diferente. A figura à sua frente vai lhe fazer lembrar sempre que, embora a voz seja masculina, a figura é feminina e isto lhe ajuda na conversação. Mas, pelo telefone, o que você vê é o que ouve e, naquele caso, ele (a), já nervoso (a), apelou.

Como o caso dele (a) era bastante complexo e eu precisava atender às outras ligações, me perdia novamente, trocando o tão deseja-

'meneer' aan. Hij (zij) vervloekte mij en mijn voorouders, en dreigde mij met een proces omdat ik schuldig maakte aan vooroordelen. Hij (zij) belde hierna nooit meer.

Mijn leven in Nederland was net begonnen, samen met 'a dor e a delícia de ser o que é'(de pijn en het genot om te zijn wie je bent), zoals Caetano Veloso dat noemt. De arts met wie ik de eerste afspraak wat betreft de 'dor'(pijn) maakte, heette dokter Samba. Het was een bekende arts, afkomstig uit Indonesië, maar niet zo bekend als onze eigen samba.

Hij behandelde mensen in zijn kamer vol boeken en dossiers, die opgestapeld op een enorme houten tafel lagen, waardoor de juiste afstand tussen hem en zijn patiënt gewaarborgd was. Hij droeg geen witte jas, zoals de meeste artsen in Nederland. Mijn man ging met me mee naar de praktijk voor het geval dat hij moest tolken. Ik vertelde de arts wat mij mankeerde en zoals gebruikelijk vroeg hij me om me uit te kleden.

Ik keek om me heen en zocht naar de deur van een kleedkamertje, een kamerscherm of

do "senhora" pelo "senhor". Ele (a) falou mal até da minha oitava geração, ameaçando me processar por preconceito!(?) Ele (a) não voltou mais a ligar.

Minha história na Holanda estava começando e, com ela, "a dor e a delícia de ser o que é", como diria Caetano Veloso. O médico com quem fiz minha primeira consulta "na dor" chama-se dr. Samba". Ele é conhecido na cidade, descendente de indonésios, mas não é tão famoso quanto o nosso samba. Ele atende em um local empilhado de livros e pastas, amontoados em cima de uma mesa enorme de madeira de lei, distante o suficiente de seus pacientes. Não usa branco, como a maioria dos médicos da Holanda. Fui ao seu consultório acompanhado pelo meu marido, para o caso de uma tradução. Falei do meu problema e ele pediu que eu tirasse a roupa, como de praxe.

Olhei para os lados, procurando por uma porta, uma ante-sala, um biombo ou qualquer coisa que eu pudesse tirar a roupa de maneira mais reservada. Ele, sentado, me olhou espantado, esperando apressado para me despachar. Eu, na frente deles, fazendo um ver-

iets dergelijks, waar ik me met wat meer privacy zou kunnen uitkleden. De dokter keek me vanaf zijn stoel verbaasd aan en wachtte vol ongeduld tot ik een beetje zou opschieten. Ik deed een echte striptease voor hem, op het verkeerde moment en op de verkeerde plaats, maar in het bijzonder voor de verkeerde persoon.

Met schrik bedacht ik dat hij zo wel een paar boeken aan de kant zou schuiven en me zou vragen om voor het onderzoek op de enorme tafel te gaan liggen. Na het onderzoek gingen we snel mogelijk weg en ik ging nooit meer terug.

Mijn man vond dat alles normaal en op een rustige manier was verlopen; trouwens 'rustig aan' is nog zo'n motto van de Nederlanders. Zij, net als de Bahianen, haasten zich niet en maken zich niet druk. Ik herinner me het eerste bezoek van de familie van mijn man bij ons thuis, toen we nog samenwoonden. Ze zaten in de woonkamer naar een voetbal wedstrijd van het nationale team van Nederland te kijken, terwijl ik in de keuken het avondmaal aan het bereiden was. Ze zaten in de woonkamer, nogal stil, iets wat wel gebruikelijk is wanneer Nederlanders samen zijn, een eigenschap die ik toen nog niet kende.

dadeiro *strip-tease* fora de hora, local e, principalmente, para a pessoa errada. Eu estava horrorizada com a possibilidade de ele afastar alguns livros para o canto e me pedir para deitar na mesa enorme e fazer o exame de toque. Saímos de lá o mais rápido que pude e nunca mais voltei.

Meu marido achou tudo normal e tranqüilo. Aliás, tranqüilidade é outra palavra-chave dos holandeses. Como os baianos, não correm nem se agitam.

Lembro-me da primeira visita da família do meu marido a nossa casa, quando ainda morávamos juntos. Eles na sala, vendo um jogo de futebol da seleção da Holanda, e eu na cozinha preparando o jantar. Eles na sala, o silêncio das reuniões holandesas que ainda não conhecia bem. Quando o jogo acabou, eu tinha que dizer ao meu parceiro que sentia muito o fato de a Holanda ter perdido o jogo. Ele respondeu que não. Que o time tinha ganhado de quatro a zero. O quê?!!!! 4 x 0 e nem um só gritinho, ou gemido?

Toen de wedstrijd afgelopen was, zei ik tegen mijn partner dat ik het erg vond dat Nederland de wedstrijd had verloren. Hij zei dat dat niet het geval was. Hij vertelde dat het Nederlands elftal met 4–0 had gewonnen. Wat? 4–0! En geen enkele vreugdekreet of gekreun?

Nu ga ik u iets vertellen over een scène waarin een een Braziliaanse vrouw, een arts en de eerder genoemde man met de neusstem een rol speelden. Zij moest naar een arts, maar kon geen woord Nederlands spreken. Ze vroeg hulp aan een landgenoot die een beetje Engels sprak. Dat zou wel helpen, dacht ze. Maar die man was erg moeilijk te verstaan. De arts wachtte een paar minuten en greep toen in, hij onderbrak de man, en koos ervoor om tot de kern van de zaak te komen, gaf er de voorkeur aan zonder poespas direct naar het hart te luisteren.

Ik ben nooit vergeten wat mij bij dokter Samba was overkomen. Ten eerste door de ongewone situatie en ten tweede door de vreemde naam van die rare kerel. De familienamen van de Nederlanders zijn overigens kort en bizar. In Brazilië had ik al gehoord over Amável Pinto (Vriendelijke Piemel), Maria da Segunda Distração (Maria

Outra situação envolvendo uma brasileira e um médico entra em cena, o fanhoso a quem me referi anteriormente. Ela precisou de uma consulta e não sabia um A de holandês.

Pediu socorro a um outro conterrâneo que "arranhava" no inglês. Já ajudaria, ela pensou. Mas o amigo era fanhoso e, quando o médico deu por si, alguns minutos depois, interrompeu a "conversação" e preferiu ir direto ao assunto e "auscultar" somente o coração dela.

Mas nunca esqueci do episódio do dr. Samba, tanto pela situação inusitada quanto pelo nome da"peça rara".

Aliás, os sobrenomes holandeses são curtos e grossos. No Brasil, já ouvi falar do "Amável Pinto", da "Maria da Segunda Distração" ou da "Última Delícia do Casal Carvalho", mas sobrenomes como os do dr. Samba, que aqui não são apelidos, nem nome, nem piada, nunca achei. Encontrei outros na Holanda, como o senhor ou sra. Jogar Bola, sr. Panqueca, sra. Padeiro, sr. e sra. Canto Livre, sr. Curto, Gordo, sr. Couve de Bruxelas, sr. Resto, sr. Rua Nova e outras raridades para nós, tão comuns para eles.

Os casamentos brasilandeses dão certo em sua maioria. Mas muito pelo jogo de cintura

Van Het Tweede Ongelukje) of Última Delícia do Casal Carvalho (De Laatste Verrukkelijke Van Het Echtpaar Eik), maar familienamen als die van de arts Samba, die hier in Nederland geen roepnamen noch voornamen zijn, en ook niet als grap bedoeld zijn.

In Nederland kwam ik namen tegen als meneer of mevrouw Bals, meneer Pannenkoek, mevrouw Bakker, mevrouw en meneer Vogelzang, meneer De Korte, meneer Dik, meneer Spruitje, meneer van Rest, meneer Nieuwstraat, en andere namen die voor ons vreemd, maar voor hen normaal zijn.

De huwelijken tussen Brazinederlanders houden over het algemeen stand. Meestal dankzij de flexibiliteit van de Braziliaanse vrouwen. De Nederlandse man is vaak moeilijk; als een echtpaar dat in deze categorie valt naar Brazilië reist, dan neemt de man zelfs poedermelk mee. We noemen hem 'gatinho' (katje), terwijl zijn leeftijd daar niet bepaald mee in overeenstemming is.

Maar de relatie tusen Braziliaanse vrouwen en Nederlandse mannen is totaal niet te vergelijken met die tussen moslims. Een vrouw die bij mij op de cursus Nederlands zat, een

da parte brasileira. A parte do marido holandês é muito exigente. Um casal deste tipo, que quando viaja ao Brasil, até o leite ele leva. Apelidamos essa fera de "gatinho", embora a idade já não condiga.

Mas nenhuma relação entre brasileiras e holandeses chega aos pés da relação das mulheres muçulmanas. Uma colega do cursinho de holandês, com esta origem, chega muito satisfeita à sala de aula depois de ter dado à luz. O colega, vindo do mesmo país, pergunta o sexo da criança e ela responde ternamente que era uma menina. Ele, grosseiramente: *wat jammer*! (que pena!)

Entre as famílias muçulmanas, é comum o casamento entre primos e casamentos arranjados. Mas a relação de parentesco entre dois casais brasilandeses é realmente digna de nota. Já ouviu falar do enteado casar-se com a filha da madrasta? Primeiro o pai holandês se

moslima, kwam blij het lokaal in nadat ze was bevallen. Een medestudent die uit hetzelfde land kwam, vroeg naar het geslacht van het kind en zij antwoordde met tederheid in haar stem dat het een meisje was. Hij zei toen bot: 'Wat jammer.'

Bij Moslims zijn huwelijken tussen neven en nichten normaal, zoals ook gearrangeerde huwelijken dat zijn.

Maar de familieverhoudingen tussen twee Brazinederlandse echtparen is verbazingwekkend. Heb je ooit gehoord van een pleegzoon die gaat trouwen met de dochter van de pleegmoeder? Eerst ging de Nederlandse vader trouwen met een Braziliaanse in Rio de Janeiro en verhuisde naar Brazilië. Toen kwam zijn zoon hem bezoeken, hij werd verliefd op de dochter van zijn pleegmoeder. Het resultaat was: twee mooie kinderen: Noa en Zoe.

Tien jaar geleden was ik de enige Braziliaanse genodigde voor het huwelijk van een echtpaar, zij kwam uit Goiânia en hij uit Bilthoven, ze zijn nog steeds getrouwd. Ze leerden elkaar via internet kennen toen nog weinig mensen computers hadden. De

casou com uma brasileira no Rio de Janeiro e mudou-se para o Brasil. O filho dele, ao visitá-lo, apaixonou-se pela filha da madrasta. Resultado: dois filhos lindos, Noa e Zoe.

Eu fui a única convidada brasileira para um casamento em que ela é de Goiânia e ele de Bilthoven, casados até hoje, quase dez anos depois. Conheceram-se pela internet, à época que poucos tinham computador e e-mails. O convite era diferente de todos os que já foram impressos no país: toda a programação sem horários pré-definidos, já impondo o estilo da brasileira com uma coisa impensável para o povo holandês, que tem a pontualidade como questão de honra nacional. Para se ter uma idéia, o trem marcado para às 12h37 chega antes deste horário e sai na hora exata. Até o famoso "mineirim" aqui tem que ficar esperto para não perder o trem.

Mas nem todo namoro pela internet entre brasileiras e holandeses tem um final feliz. Uma outra conhecida se apaixonou pelo namorado holandês via computador. Cartas virtuais, beijos, "emoticons". O namoro virtual estava indo muito bem até ela vir para a Holanda, por sua própria conta e risco. Ele

uitnodiging zag er heel anders uit dan andere in Nederland gedrukte uitnodigingen. Er werden in het hele programma geen tijdstippen vermeld.

Dit zegt iets over de stijl van de Braziliaanse vrouw. Zij schrijft iets voor dat voor het Nederlandse volk ondenkbaar is; dat maakt van het op tijd zijn een kwestie van nationale trots. Om hier een idee van te krijgen: de trein van 12:37 komt voor die tijd aan en vertrekt precies op dat tijdstip. In Nederland zouden zelfs de boertjes uit Minas Gerais (die altijd de trein halen) zich erg moeten inspannen om in Nederland de trein niet te missen.

Niet alle relaties die via internet onstaan hebben een gelukkig einde. Een andere kennis van mij werd verliefd via de computer op haar Nederlandse vriendje. Er werden virtuele brieven, kusjes en 'émoticons' uitgewisseld. De virtuele verkering verliep erg goed totdat zij het risico nam naar Nederland te gaan.

Hij had nooit meer tijd om met haar iets af te spreken. Hij had altijd wel een smoesje, belangrijke verplichtingen, een vergadering of een moeilijke klant. Ze zagen elkaar nooit meer, ondanks het feit dat ze in hetzelfde land verbleven. Hij gaf haar de illusie dat hij

nunca mais teve tempo para se encontrarem. Sempre tinha uma desculpa, um compromisso importante, uma reunião de trabalho, um cliente difícil. Nunca mais se viram, embora estivessem no mesmo país. Ele ainda alimentava a ilusão dela de um encontro assim que fosse possível.

Até que a paciência dela chegou ao limite e, junto com outra amiga, armou um plano para desmascará-lo. Montou na internet, no mesmo site de relacionamentos que se conheceram, um perfil bem interessante com uma linda modelo brasileira (que, claro, ele não conheceria). De-

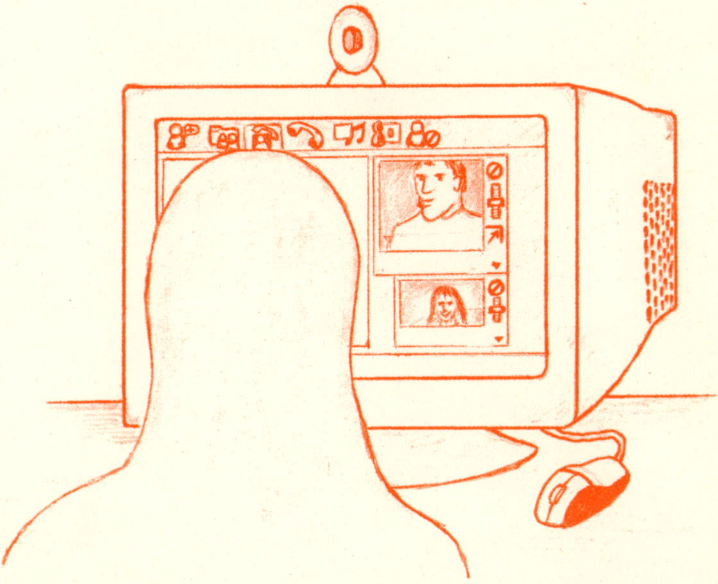

wel met haar wilde afspreken zodra dat mogelijk zou zijn.

Totdat haar geduld opraakte en zij bedacht samen met een vriendin een plan om hem te ontmaskeren. Zij plaatste op dezelfde site waar zij haar vriendje had ontmoet een zeer interessant profiel met de foto van een bekend braziliaanse model (dat hij natuurlijk niet kende). Ze maakte de foto met photoshop nog mooier, en stuurde die direct naar hem.

Hij reageerde op haar advertentie, en vertelde dat zij dezelfde interesses had als hij. Ze wisselden diverse mailtjes totdat ze

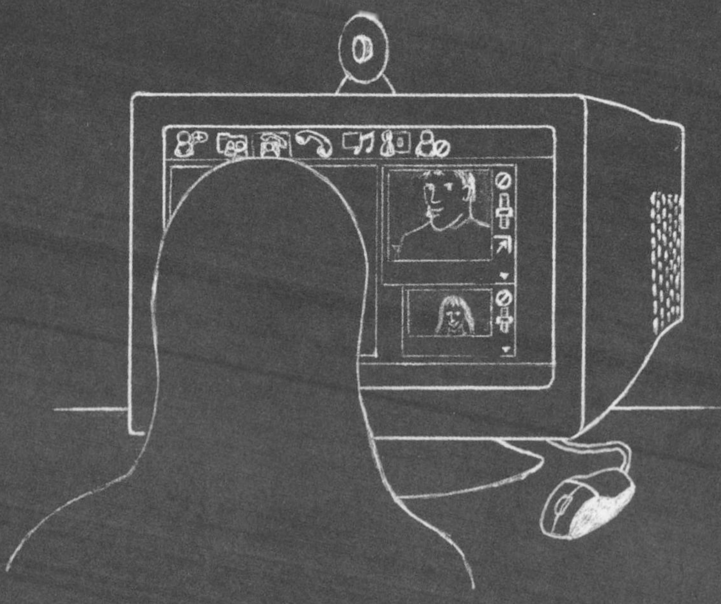

ram uma geral nela com o photoshop para ficar ainda mais linda e mandaram um torpedo pra ele.

Ele reagiu ao anúncio dela, que se oferecia e mostrava os mesmos interesses que ele. Trocaram vários e-mails até que... a internet os separe. Marcaram um encontro, tanto a imaginária quanto a virtual, de carne e osso. A imaginária era a beldade brasileira, que já tinha dito, estaria em Amsterdã nas próximas semanas para se conhecerem. As duas marcaram na mesma data para vê-lo e... Bingo! Ele marcou com a imaginária e desmarcou com a de "pele e osso" nestas alturas, alegando um importante compromisso de trabalho. Desmascarado, o namoro morreu no nascedouro, confirmando as estatísticas de que apenas 2% dos relacionamentos da internet dão certo.

A maioria dos brasileiros ainda hoje acredita que viver fora do Brasil, seja na Europa, seja Estados Unidos, ou em qualquer outro país, é sinônimo de vida boa, dinheiro em pencas, sofrimento zero. Às vezes o nosso sentimento de viver longe da família, com um conforto maior que o deles no Brasil, pode realmente tra-

besloten om internet internet te laten. Ze maakten een afspraak, zowel de bedachte vrouw als de virtuele vrouw van vlees en bloed. De bedachte vrouw was de Braziliaanse schoonheid, die al van tevoren had gezegd, dat ze binnen een paar weken naar Amsterdam zou komen om "die boef" te leren kennen.

De twee vrouwen spraken met hem op dezelfde datum af en – bingo! Hij sprak met de bedachte vrouw af, en zegde de afspraak met de vrouw van vlees en bloed af, en gaf als reden aan dat hij voor zijn werk een belangrijke verplichting had. Hij werd ontmaskerd. En de verhouding was al voorbij voordat deze begon, en dit bevestigt de statistieken die laten zien dat slechts 2% van de internetrelaties lukt. De meerderheid van de Brazilianen gelooft nog steeds dat het leven buiten Brazilië, waar ook in Europa, of in de Verenigde Staten, of in een ander westers land, synoniem is met het 'goede leven' met geld in overvloed, met een leven zonder lijden. Soms leidt de beslissing om naar het buitenland te vertrekken, ver van onze familie, en met een hogere levensstandaard,

zer certa culpa. Mas com este último exemplo, muitas vezes este sentimento não corresponde à realidade dos nossos queridos no Brasil.

A irmã no Brasil liga para a outra na Holanda, a cobrar. A daqui atende com o coração na mão, chamada a cobrar sempre pode ser notícia ruim.

– Tá indo de férias para a Itália, mana? – pergunta a de lá.

Ela confirma que vai viajar, sim, e já fica meio sem graça. Por isso pensa em dizer que vai mandar algum dinheiro extra para ajudar a pagar uma conta da família, sempre em atraso no Brasil. Até que a de lá interrompe:

– Vai para Milão, mana? Manda um Scarpin legítimo pra mim, tô na maior dureza!

tot schuldgevoelens. Maar het hieronder staande voorbeeld geeft aan dat je gevoel hierover niet overeen hoeft te komen met de werkelijkheid.

De zus in Brazilië deed een 'collect call' naar Nederland. De vrouw in Nederland nam met een bezorgd hart de telefoon aan, want vaak betekent een 'collect call' slecht nieuws.

'Ga je met vakantie naar Italië, zusjelief?' vroeg de overzeese zus.

Ze bevestigde dat ze inderdaad op reis zou gaan; ze voelde zich niet erg op haar gemak en daarom dacht ze erover om wat extra geld over te maken om betalingsachterstanden van haar familie in Brazilië weg te werken. Terwijl ze dat dacht, werd ze geïnterrumpeerd:

'Ga je naar Milaan, zusjelief? Zou je dan een paar schoenen van het merk Scarpim voor mij willen kopen? Ik ben volkomen blut!'

einde
fim

Maria Teresa Parrela Hoogenboom is journaliste, gehuwd, Braziliaanse en Nederlandse en bekroond schrijfster in Zwitserland tijdens de Zesde Competitie van Braziliaanse Literatuur van Verhalen, Kronieken en Poezie 2008 van de Vereniging Associação Raízes do Brasil (Met wortels in Brazilië).

Contact: maranaholanda@hotmail.com

Maria Teresa (Mara) Parrela Hoogenboom é formada em Comunicação Social e Pós-graduada em Língua Portuguesa. Escreve crônicas, artigos, é correspondente de sites, jornais e revistas no Brasil, na Holanda e nos Estados Unidos. Vive na Holanda, é casada, brasileira e holandesa, premiada na Suíça no "6º Concurso de Literatura Brasileira de Contos, Crônicas e Poesias 2008" da Associação Raízes do Brasil.

Contato: maranaholanda@hotmail.com

Esta obra foi composta por
2 Estúdio Gráfico
em Sabon e impresso pela
Bartira Gráfica e Editora
para a Sá Editora
em outubro de 2008